陈梦·梦的延续

《乒乓世界》编辑部 编著

这里，群星闪耀

乒乓盛宴，绽放世界

人民体育出版社

乒坛典藏·绽放巴黎

引子

"夺冠"的"夺"与"卫冕"的"卫"，同样是为登顶所付出的努力，其意义却完全不同。中国乒乓奥运史上的前三位单打卫冕者邓亚萍、张怡宁和马龙如此，对于陈梦来说，更是如此。

2021年的东京，五年的超长奥运周期，疫情笼罩下的特殊赛场，第一次参加奥运会的稚嫩与憧憬，五五开的夺冠可能……陈梦的女单、女团两枚金牌，给了我们一份欣喜与笃定。

2024年的巴黎，三年的超短奥运周期，恢复活力甚至热情爆棚的赛场，第二次参加奥运会的陈梦面对的不仅是迥然不同的外部环境，更是已经发生巨大变化的自己、对手和队友。

从中国队确定巴黎奥运参赛名单起，陈梦就历经波折。在鼓励与质疑交织的声音里，她站上了巴黎赛场。这三年，因为年龄、伤病以及年轻队员们的崛起，陈梦的成绩不够亮眼，但这并不能阻挡她在巴黎奥运会上强势守住自己这条线，让中国队提前收下这一枚女单金牌。

女单决赛的场景似曾相识。站在球台对面的，和东京赛场一样，还是队友孙颖莎，但此刻这个比她小六岁的女孩儿已经在三年间拿遍大大小小赛事的冠军，在世界排名榜上也是一骑绝尘地领跑，几乎没有人相信陈梦可以"卫"得了这个"冕"。

当比分定格在和三年前一样的4比2，获胜的还是陈梦时，结果出乎太多人的意料，包括陈梦自己。她坦言，自己是抱着拼尽全力周旋的心态来打这场比赛的；她也坦言，这一枚金牌比三年前更显珍贵，因为在年龄这道迈不过的坎面前，每一场比赛都值得珍惜，四年一次的奥运会更是如此。

陈梦带着单打和团体两枚金牌告别巴黎，她说，不知道以后还能不能有这样的机会；她说，相信当打之年的莎莎未来会更好。其实每个人的未来都会更好吧，因为梦的延续，是希望的重生。

目录 CONTENTS

女 单   *WOMEN'S SINGLES*

1/32 决赛	/ 005
1/16 决赛	/ 013
1/8 决赛	/ 025
1/4 决赛	/ 035
半决赛	/ 043
决赛	/ 053

女 团   *WOMEN'S TEAMS*

1/8 决赛	/ 063
1/4 决赛	/ 073
半决赛	/ 081
决赛	/ 089

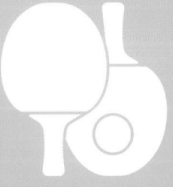

女 单

WOMEN'S SINGLES

1/32 决赛

\>>> 2024 / 7 / 29

陈梦迎来自己在巴黎奥运会赛场上的首秀。

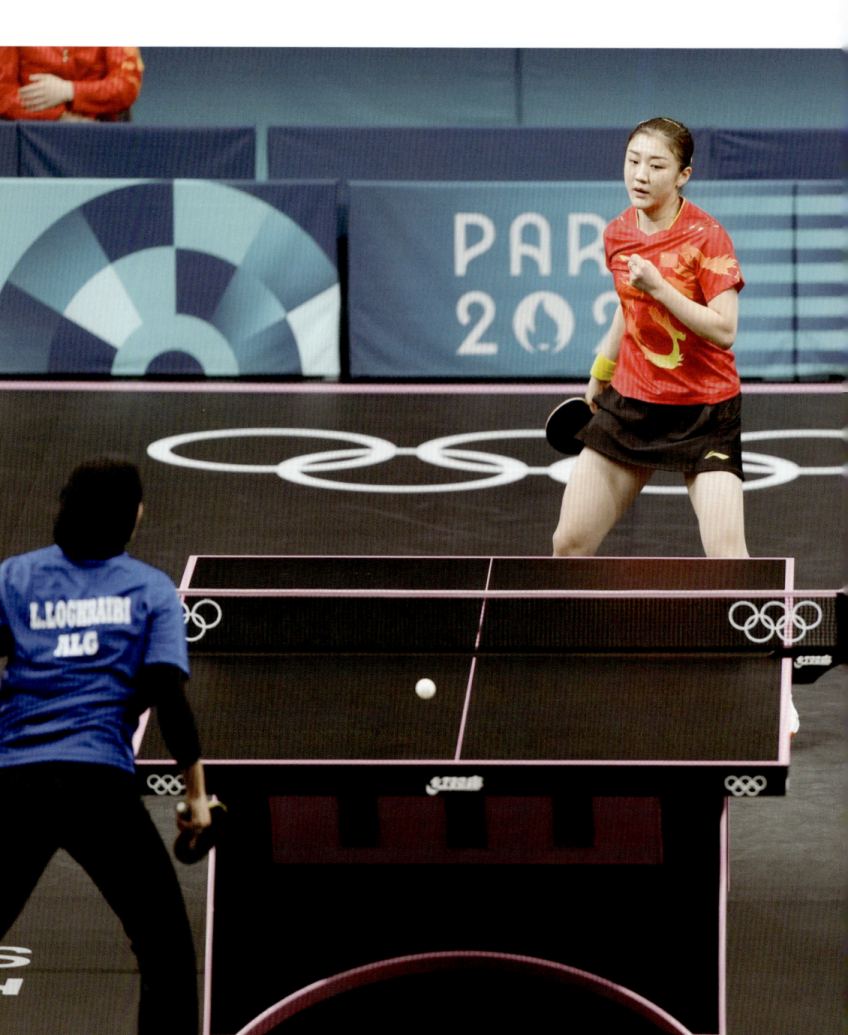

陈梦以4比0（11-2，11-4，11-5，11-2）横扫阿尔及利亚选手洛赫莱比后，轻松晋级。

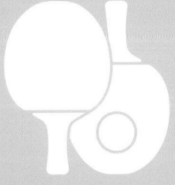

女 单

WOMEN'S SINGLES

1/16 决 赛

>>> 2024 / 7 / 30

第二轮比赛，陈梦与瑞典削球名将伯格斯特隆交锋。

在先丢一局的情况下，陈梦迅速调整状态，稳住节奏，连扳四局，最终以4比1（8-11，11-4，11-7，11-9，11-8）取胜。

女 单

WOMEN'S SINGLES

1/8 决赛

>>> **2024 / 7 / 31**

陈梦 4 比 1（8-11，11-5，11-6，11-4，11-8）战胜荷兰选手伊尔兰德。

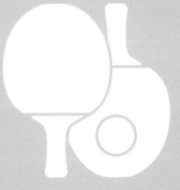

女 单

WOMEN'S SINGLES

1/4 决赛

>>> 2024 / 8 / 1

陈梦与奥地利名将波尔卡诺娃交手。

凭借前三板和相持段的强大火力，陈梦完全压制对手，连续拿下4局（11-5，11-3，11-0，11-8），昂首晋级。

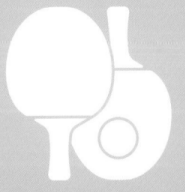

女 单

WOMEN'S SINGLES

半 决 赛

>>> 2024 / 8 / 2

面对韩国年轻选手申裕斌的冲击，陈梦沉着应战。

以4比0（11-7，11-6，11-7，11-7）淘汰申裕斌后，陈梦晋级决赛，这也是她职业生涯第二次打进奥运会的女单决赛。

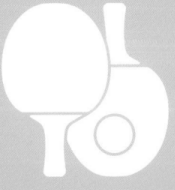

女 单

WOMEN'S SINGLES

决 赛

>>> 2024 / 8 / 3

继东京奥运会后，陈梦与孙颖莎又一次在奥运女单决赛场上相遇，这无疑是当今女子乒坛最高质量的一场对决。

陈梦凭借更加释放的心态和攻防两端的出色发挥，以4比2（4-11，11-7，11-4，9-11，11-9，11-6）战胜队友，成为历史上第三位卫冕成功的奥运女单冠军。

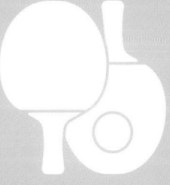

女 团

WOMEN'S TEAMS

1/8 决赛

>>> 2024 / 8 / 5

陈梦 / 王曼昱为中国队出战首盘双打，以3比0（11-5，11-2，11-3）速胜埃及组合汉娜·高达 / 阿尔霍达比，为团队夺得首分。

比击败对手更重要的是，陈梦要和队友一起更快进入团体赛状态。

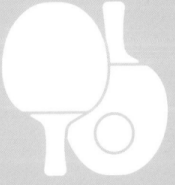

女 团

WOMEN'S TEAMS

1/4 决赛

\>>> 2024 / 8 / 8

陈梦 / 王曼昱与中国台北组合陈思羽 / 简彤娟展开较量。

尽管对手是"左右配"搭档，但陈梦与王曼昱的配合显然更加娴熟，最终以3比0（11-6，11-4，11-7）击败对手。

女 团

WOMEN'S TEAMS

半 决 赛

>>> **2024 / 8 / 8**

面对2023年杭州亚运会女双冠军田志希／申裕斌，陈梦／王曼昱迅速进入状态，及时遏制住对手的反扑，最终以3比1（11-4，11-5，9-11，11-9）胜出。

在这场比赛中，陈梦／王曼昱在面对对手的纠缠时表现出了强大的摆脱实力。

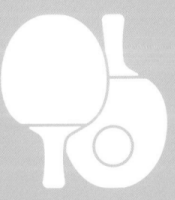

女 团

WOMEN'S TEAMS

决 赛

>>> 2024 / 8 / 10

陈梦 / 王曼昱经历了她们在巴黎赛场上的唯一一次决胜局。

在两度落后两度扳平、决胜局被对手拉开至5比9的不利局面下，陈梦/王曼昱凝神静气，信念坚定地完成绝境逆转，以3比2（9-11，11-6，6-11，11-6，12-10）击败早田姬娜/张本美和，为中国队锁定胜局。同时，陈梦也收获了自己的第四枚奥运金牌。

图书在版编目（CIP）数据

这里，群星闪耀：乒坛典藏·绽放巴黎.梦的延续——陈梦/《乒乓世界》编辑部编著.--北京：人民体育出版社，2025.--ISBN 978-7-5009-6575-6

Ⅰ．K825.47

中国国家版本馆CIP数据核字第20246KB156号

这里，群星闪耀：乒坛典藏·绽放巴黎.梦的延续——陈梦

《乒乓世界》编辑部 编著

出　版：人民体育出版社

发　行：人民体育出版社

　　　　北京长江新世纪文化传媒有限公司

承印者：天津盛辉印刷有限公司印刷

开本：710×1000　16开本　　印张：35.25　　字数：123千字

版次：2025年3月第1版　　印次：2025年3月第1次印刷

书号：ISBN 978-7-5009-6575-6

印数：1—10,000册

定价：236.00元（全套）

版权所有·侵权必究

购买本社图书，如遇有缺损页可与发行与市场营销部联系

发行电话：（010）67151482

社　　址：北京市东城区体育馆路8号（100061）

网　　址：www.psphpress.com